AF228926

El castor gigante

Julie Murray

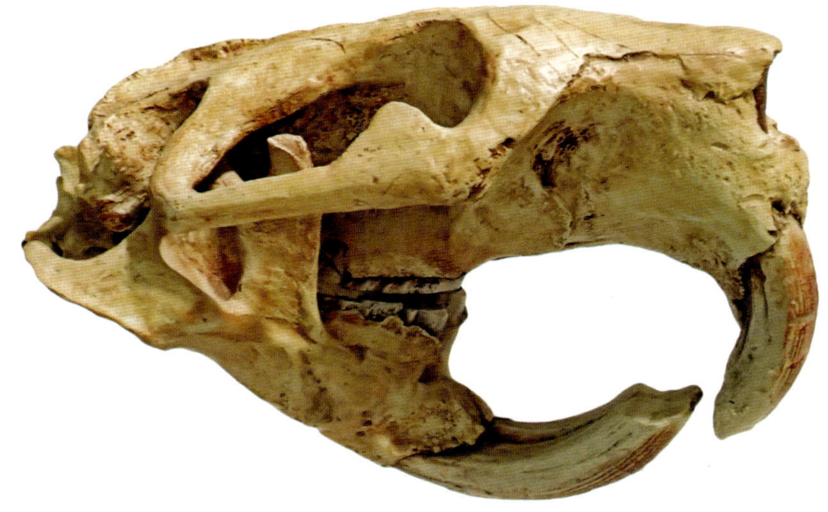

ANIMALES DE LA EDAD DE HIELO

Abdo Kids Jumbo es una subdivisión de Abdo Kids
abdobooks.com

abdobooks.com

Published by Abdo Kids, a division of ABDO, P.O. Box 398166, Minneapolis, Minnesota 55439.
Copyright © 2026 by Abdo Consulting Group, Inc. International copyrights reserved in all countries.
No part of this book may be reproduced in any form without written permission from the publisher.
Abdo Kids Jumbo™ is a trademark and logo of Abdo Kids.

Printed in China

102025

012026

THIS BOOK CONTAINS
RECYCLED MATERIALS

Spanish Translator: Maria Puchol

Photo Credits: Alamy, Science Source, Shutterstock, Studio 252MYA, ©James St. John p.1,15 / CC BY 2.0,
©Jimmy Emerson, DVM p.9 / CC BY-NC-ND 2.0, ©Roman Uchyte p.11,15, ©Blue Rhino Studio p.13

Production Contributors: Teddy Borth, Jennie Forsberg, Grace Hansen
Design Contributors: Candice Keimig, Pakou Moua

Library of Congress Control Number: 2025942213

Publisher's Cataloging-in-Publication Data

Names: Murray, Julie, author.

Title: El castor gigante/ by Julie Murray

Other title: Giant beaver. Spanish

Description: Minneapolis, Minnesota: Abdo Kids, 2026. | Series: Animales de la Edad de Hielo | Includes
    online resources and index.

Identifiers: ISBN 9798384908920 (lib.bdg.) | ISBN 9798384909507 (ebook)

Subjects: LCSH: Animals--Juvenile literature. | Extinct animals--Juvenile literature. | Ice Age--Juvenile
    literature. | Paleontology--Juvenile literature. | Zoology--Juvenile literature. | Spanish Language
    Materials--Juvenile literature.

Classification: DDC 569--dc23

Contenido

La Edad de Hielo

Una glaciación o edad de hielo es un periodo en el que la mayor parte de la Tierra está cubierta por capas de hielo. La última comenzó hace 100,000 años y duró hasta hace 12,000 años. Algunos animales **se extinguieron** durante esta época de la historia.

hielo
tierra
5

El castor gigante

El castor gigante apareció hace aproximadamente 1.4 millones de años. Sólo se encontraba en Norteamérica. Vivía en humedales. Nadaba en lagos, pantanos y estanques.

Norteamérica
Europa
África
Sudamérica
N
S
E
W

El castor gigante era el roedor más grande que jamás haya vivido en Norteamérica. ¡Era tan grande como un oso negro!

Medía siete pies (2.1 m) de largo y tres pies (0.91 m) de alto. Podía llegar a pesar hasta 225 libras (102 kg).

El castor gigante estaba cubierto de pelaje denso y marrón. Su cola era larga y fina. Tenía grandes patas traseras **palmeadas**. Esto le hacía un excelente nadador.

Tenía dientes **incisivos** gigantes de seis pulgadas (15 cm) de largo. Los dientes eran gruesos y curvados.

Los científicos creen que el

castor gigante no utilizaba

los dientes para morder la

madera. Tampoco piensan que

construyera presas como los

castores modernos.

Alimentación

El castor gigante se alimentaba de plantas **acuáticas**. Le gustaban las hojas, las raíces y los juncos.

Extinción

Este castor **se extinguió** hace aproximadamente 12,000 años. Se piensa que la causa principal fue la pérdida de su hábitat debido al calentamiento de las temperaturas.

Más datos

- Los primeros **fósiles** de castor gigante se descubrieron en 1837 en un **pantano** de Ohio.

- Es un pariente lejano de los castores modernos. Se parece más a la capibara actual.

- Pasaba más tiempo en el agua que en tierra. Tenía las patas traseras cortas, lo que le hacía difícil caminar por tierra.

- Su cerebro era mucho más pequeño que el de los castores actuales.

Glosario

acuático – que vive o crece en el agua.

extinción – que ya no existe.

fósil – restos de un ser vivo de hace mucho tiempo, puede ser una huella o un esqueleto.

incisivo – en los mamíferos, uno de los cuatro dientes afilados situados entre los caninos de las dos mandíbulas, en la parte delantera de la boca.

palmeado – unido por piel.

pantano – suelo blando y húmedo que contiene tierra formada por plantas muertas o residuos vegetales.

Índice

Abdo Kids ONLINE

FREE! ONLINE MULTIMEDIA RESOURCES

¡Visita nuestra página **abdokids.com** para tener acceso a juegos, manualidades, videos y mucho más!

Los recursos de internet están en inglés.